AF599909

V PREMIO NACIONAL DE POESÍA VIVA
#LdeLírica

V PREMIO NACIONAL DE POESÍA VIVA

#LdeLírica

Prólogo de
GONZALO ESCARPA
PITA SOPENA

Edición al cuidado de
GONZALO ESCARPA

HUERGA & FIERRO editores

Diseño de colección: Huerga y Fierro

Primera edición: 2024

C/ Sebastián Herrera, 9
28012 Madrid-España
Telf.: 91 467 63 61
www.huergayfierro.com
huerga@huergayfierro.com

I.S.B.N.: 978-84-128849-3-7
Depósito Legal: M-13743-2024
Impreso en Romadac Industria del Libro
Impreso en España/Printed and made in Spain

PRÓLOGO

Pita Sopena y Gonzalo Escarpa conversan sobre el Premio Nacional de Poesía Viva #LdeLírica

GONZALO ESCARPA: *Son cinco ya las ediciones de este Premio Nacional que nació como un intento de rescatar la poesía más valiosa de Instagram. Además de muchísimo trabajo, este proyecto nos ha dado la posibilidad de conocer a creadores de toda España, y de acompañar a cinco poetas personalísimos, defensores de la música de la palabra: nuestros cinco ganadores.*

Cuando nació todo esto, Pita, ¿se parecían tus sueños a lo que ha sido y es ahora el Premio?

PITA SOPENA: *Creo que al empezarlo, en marzo del 2019, el Premio solo era un proyecto ilusionante, una apuesta que complementaba el ciclo #LdeLírica, que habíamos arrancado meses antes. En ese momento, su horizonte temporal era el inmediato: comprobar qué aceptación tenía el Premio y si éramos capaces de articular un desarrollo nuevo y complejo para la escena poética. Con el tiempo, al sumar ediciones, he sido consciente de lo que habíamos levantado, al ver que sí tenía repercusión y que construíamos algo sólido y perdurable. Hemos colaborado en el crecimiento de la poesía oral, estamos siendo divulgadores intensos del concepto y hemos dado voz a poetas, nuestros ganadores, que son ejemplo de dicha poesía viva.*

¿En qué crees tú que el premio ha hecho crecer la poesía?

GE: *Creo que el Premio Nacional de Poesía Viva #LdeLírica es, por un lado, pionero, y por otro viene a consolidar tendencias que están hoy más vivas que nunca. Pionero porque no existe aún una comunidad unificada de poetas orales, escénicos, performativos —por no existir, no existe ni una denominación clara—. Y porque su tipología es híbrida y contemporánea: trata de reivindicar una poesía de las redes que se aleja de la percepción general de "la poesía de las redes". En realidad, no distingue la poesía de las redes de la otra poe-*

sía, sino que simplemente utiliza la plataforma social en la que se ha convertido Instagram para encontrar talentos escondidos en cualquier rincón de España. Y luego realiza encuentros en directo para que los poetas puedan presentar sus textos de la mejor manera posible. En ese sentido, apuesta por la escenificación del texto y no solo por la escritura. Son muchos los espacios, festivales, colectivos y autores que apuestan por lo mismo, así que este Premio viene a ser una confirmación de una tendencia que ha ido creciendo en nuestro país en los últimos diez años: la recuperación de la oralidad, el sonido de la palabra (que estudia cada vez con más rigor la fonosemántica) y lo que se conoce como "poesía proferida".

PS: *Otro de los aspectos que a mí me alegra muchísimo de este premio es haber conseguido tejer una red sólida entre participantes, jurados y público que nos apoya. El hecho de ir renovando los colectivos que escogen a los finalistas y al ganador/a contribuye a contar con una amplitud de visiones sobre esta poesía oral que la enriquece. ¿Qué destacarías tú de la poesía de los cinco ganadores que llevamos? En una palabra. Y, en el caso de Elsa Moreno, en tres, por ser la ganadora de este último año.*

GE: *Miguel Sánchez Santamaría, condensación. Paloma Chen, compromiso. Marta Vicente Antolín, turbulencia. Eudris Planche, crudeza. Elsa Moreno, precisión, corporeidad, exploración.*

Es un bonito ejercicio el de tratar de comprimir la naturaleza poética de un autor en solo tres palabras.

Por lo demás, curiosamente España es un país que ha gozado siempre de una riqueza oral extraordinaria, y hoy día hay todo tipo de proyectos que subrayan la idea de decir los textos, y, sin embargo, como te comentaba, no existe acuerdo alguno en las formas de denominar el fenómeno, por ejemplo. Hablamos de poesía oral, performativa, escénica, expandida... Últimamente se empieza a utilizar el término "poesía viva", que es el que hemos usado nosotros desde el principio. Contribuir a construir un término, un concepto, ya justifica la existencia de este proyecto, que sigue creciendo, por cierto: este año contamos con una zona más, y ya son siete, además del homenaje que realizamos a los poetas que no residen en nuestro país a través del accésit Juan Ramón Jiménez-Zenobia Camprubí.

PS: Bueno, aunque España sea un país de gran tradición oral, me parece curioso comprobar cómo el público aún se sorprende cuando la poesía se funde con lo performativo. Todavía existe la imagen de la poesía sólo como texto en un papel, la poesía como acto muy íntimo y, por lo tanto, la idea de que compartirla de una manera expansiva, actoral es banalizarla. Sin duda, se olvidan de esos benditos juglares... Pero al mismo tiempo, lo hemos comprobado con el premio, en los eventos presenciales es maravilloso descubrir que esa poesía viva consigue conectar con nuevos públicos, romper esa imagen de sagrada y de inaccesible. Y sí, el hecho de ampliar las zonas, tener este próximo año, por ejemplo, un evento presencial más en Ámbito Cultural de Santiago de Compostela, nos va a ayudar a ofrecer a más público el gran espectáculo que es esta poesía en la que fondo y forma se convierten en una fiesta de la palabra.

GE: *En realidad, creo que la poesía siempre ha sido performativa. Conversando con Jesús Ge, que ha sido jurado del Premio, comentamos que lo normal a la hora de corregir un poema es leerlo en voz alta. Al hacerlo, percibimos con más claridad si el ritmo fluye como debería, si los acentos están bien colocados... Entonces, incluso aquellos poetas que no trabajan lo escénico son conscientes de que todo poema es en sí mismo un espectáculo sonoro. Si a esa primera intuición le sumas la idea, lógica, del espacio alrededor del texto, de la presencia, de la irradiación, del receptor, ya estás en el camino de la conciencia que te permitirá dar cuerpo al texto. Es decir, que lo más lógico, desde el origen de la poesía, es cantarla, y prepararse para ese ritual. Siguiendo esta idea, resulta que todos los poemas son escénicos.*

PS: *Es curioso que, bajo mi punto de vista, haya todavía tanto camino que recorrer en esa consciencia y puesta escénica de un poema. Sobre todo, siendo, como dices, lógica la idea del espacio alrededor del texto. Y pienso en el espacio físico, en el que nos situamos al escribir o al que evocamos (por ejemplo, la naturaleza como fuente de inspiración) y en la importancia de todo lo sensorial que nos envuelve cuando nos ponemos a escribir. Y siendo, al mismo tiempo, lógica y muy buscada la percepción del receptor (nos hablaba hace poco Rosana Acquaroni, en un #LdeLírica, de esa necesidad de escribir poemas para comunicarnos con el otro).*

Me pregunto, entonces: ¿por qué se diluyen estas dos cosas, la importancia de lo físico y la importancia del otro, a la hora de darle cuerpo al poema con la voz en un escenario?

Tú que has trabajado mucho esa poesía que interpela fuera del papel, ¿qué consideras imprescindible a la hora de compartir un poema delante de un público?

GE: *Curiosamente, aun cuando en la escritura poética no creo en la "verdad", sí hay una verdad escénica. Presentar un poema en un escenario requiere una disposición, que, además, comienza ya en la misma concepción del texto. Existe la poesía íntima, que requiere una lectura sosegada y en silencio, y una poesía que ha nacido para ser compartida en voz alta y publicada en el aire. La poesía que va a ser comunicada en público está pidiendo que se convoquen los elementos propios de la performance: el tiempo, el espacio y el cuerpo. Por eso en su momento acuñé el concepto "perfopoesía", que hoy entiendo más como "perfoescritura". El poeta que va a recitar su texto es consciente de ello desde la escritura, y después de ella modela y moldea una fórmula, una hipótesis, como dice Jimena Cid, que encarna la palabra, que apalabra la idea, que nos devuelve al rito y a la época feliz en la que todo era oralidad, todo era canto y todo era poesía. Recitar es una forma de viajar al pasado; de conectar con el lenguaje liberado; de rezar, ya que esa es su etimología. El teatro es un espacio que espera, decía Sbovoda. El poema también.*

PS: *Además de los finalistas del premio, en este libro encontramos las voces, diversas, muy interesantes, de seis poetas con una trayectoria sólida. Todos ellos, Luis Alberto, Mario, Rosana, Manuel, Ada y Ajo han conversado contigo en el ciclo #LdeLírica, y han sido generosos al compartir su visión de la poesía. Y han sido generosos, también, al ofrecernos parte de su obra en este libro.*

Ojalá, al igual que estos nombres, nuestros ganadores consigan desarrollar una vida poética consolidada y larga. Creo que el Premio les ha abierto las puertas para lograrlo. Y ojalá, pienso, que estas voces nuevas sepan siempre recordar, agradecer, diría que hasta honrar a quienes les precedieron. Que no se olviden de que la poesía, como yo la he aprendido al menos en estos años tan cerca de ti trabajando y creando #LdeLírica, es más que un texto escrito o cantado, es más que ganar este o cualquier otro premio, que no se olviden de que la poesía es una forma de estar en el mundo, con humildad, con ganas siempre de aprender y, como nos dijo Gamoneda, también en la sala de Callao, de que la poesía es, sin duda, el deber de la alegría.

GONZALO ESCARPA
Director de lapiscifactoria.es
Coordinador del ciclo LdeLírica
y del Premio Nacional de Poesía Viva

PITA SOPENA
Subdirectora de Ámbito Cultural

AGRADECIMIENTOS

Quino Romero, del colectivo Genoma Poético, por la imagen del Premio: este pájaro, y el otro, y esas flores.

Los jurados de la V edición: Asociación Planeta Clandestino (Enrique Cabezón), Poesia Lleida (Àngels Gregori y Antón Not), El sitio de las palabras (Jesús Ge y Mar Benegas), Festival Nanai (Juan Domingo Aguilar y Jorge Núñez), Club Cultural Leteo (Rafael Saravia) y Cero Fanzine (Toni Lemus). Por su criterio exigente y su simpatía colectiva.

Gioconda Belli y Soleá Morente por acompañar a la ganadora en el Museo del Prado en un encuentro que hicieron inolvidable.

Museo Nacional del Prado, por hermanar la poesía con la pintura.

Charo Fierro y Antonio Huerga, editores que no se cansan de apostar.

Sedes de Ámbito Cultural en toda España, por hacer que este premio pueda ser nacional.

Gonzalo Escarpa y La Piscifactoría Laboratorio de Creación por su devoción implacable.

Todos los poetas que han participado en el Premio Nacional de Poesía Viva #LdeLírica. Por serlo y compartirlo.

Ámbito Cultural

Ganador V Premio Nacional de Poesía Viva #LdeLírica

ELSA MORENO

(Valencia)

Se deja escuchar por las paredes.
A veces como un ejército de insectos; otras,
como la vida secreta del piso contiguo, como
aguardar la verdad entre los dientes, como
emitir sonidos guturales,
gemido ambivalente; otras,
es la estructura que se gruñe. Pero siempre,
siempre,
no importa el tono, la textura
si es crujido o caricia,
si nos expande o nos absorbe,
o si todo y simplemente
nos aboca en un vaivén
que no cesa.
Siempre,
siempre,
viene de lejos,
cuando voy en su búsqueda
mucho más lejos.
Alimenta mi sed y no la sacia.

Pero si caigo exhausta
en el núcleo del latido, ahí,
se deja ver desnuda, despojada
de los nombres que la visten,
de los hombres que la visten,
musa de cantos deshojados.

Una
decide si seguirla
sabiéndose ciega
tan ciega como preescrita.
Como ir a cazar luciérnagas con una linterna
como ir a cazar libélulas con un martillo.
Nos hace brutales
ese susurro
que es el pulso
de la poesía.

La composición musical del poema es
un solo de desgarro.
Un desgarro de saxofón
que llena el vasto silencio de quien
por fin
observa
la irrelevancia
y se enamora.

Mal ciego es aquel
que busca solo debajo del foco
¡Pero, bajad el foco!
¡Bajad el foco!
¡Mirad debajo de los pies!
Había que leerse las plantas.
En las plantas están clavadas las piedras del camino.
Sudorosos los surcos. Esas
son las líneas de la vida,
las que duelen.

Tenemos que escarbar la tierra con los dientes
y escupirnos en las bocas.
Tenemos que
ser persistentes
con la irrelevancia.
Desatar los cabos
y dejar
que levite la vida leve.
¡ELEVE!
¡ELEVE!

Porque si nos organizamos todas
la gravedad
es un invento
del que podemos prescindir.

Un desgajo de saxofón
prende
de la fruta cohibida.
Lameré sus costuras
hasta que cedan,
solo por el placer
de ablandar las carnes
jugo contra mejilla.
Luego, seguiré descalza.
Luego, cesará el campo.
Y suplico
¡Matria!
Mira mis plegarias
cuando hinco rodilla
mis plegarias
una fuente de agua salada
en verano
¡Matria!
Mis plegarias
son este codo que flexiona
¡Mírame!
¿Me estoy portando bien?

La ciudad vibra.
Vibra muy suave.
Vibra sin dar una nota,
solo un gruñido incómodo.

Se queja, la escucho. Sigo rasgando el cemento.

Somos tantas hincando rodilla sobre el asfalto.
Escarbando, levantando el suelo
con las manos como garras.
Y una nana, tímida, profunda.

Nadie espera encontrar la playa
bajo los adoquines; sabemos
que solo habrá polvo. Conocemos
nuestra propia incoherencia.
El saber revela el sentido sádico de la vida.

Lo que no desfallece es el cante.
Cantamos todas, apoyadas
sobre las piedras, rasgando
la urbe.

Creo que entiendo el gruñido.
Creo que somos nosotras.

Los hombres que me hacen sombra son
las cosas que solo desinfla un abrazo,
como el discurso.
El discurso abre la herida, saca la bala, grapa las pieles
pero no las suelda.
Las nanas de los hombres que me hacen sombra son
esencialmente
el auxilio de un adulto:
abrazos que mecen para ser mecidos.
Las sombras
son las madres que me acunan,
grupos simbólicos de poder.
Yo soy el único individuo y falta tacto.
Falta tacto, arriéndalo.
La tierra se interpuso y se inventó los bosques
porque antes
antes de la cuna éramos sal
sal gorda
y todo lo demás es violencia
y todo lo demás es distancia.

Hace falta no querer querer
no querer querer una hinchazón en la lengua
de hablar tanto
sin que me besen mucho.
Hablar tanto sin que me besen mucho.
Esa era la bala, la herida, las pieles.

¿Cuántos hombres hacen falta para darme sombra
si extiendo mi cuerpo?

¿Cuenta su cuerpo como mío
si los extraño?

Poemas inéditos

Abro mis manos.

Abro mis manos
pero no se abren las aguas.
Abro mis manos y mueren
veintisiete palomas.
Abro mis manos y emana
sangre virgen.
Abro mis manos
pero el rito no funciona.

No se ha encontrado mi nombre.
No se puede ejecutar el lago.
No se puede ejecutar.
Mantente viva.
Ejecutar
esta pieza.
Mantente viva.
Ejecutar
esta pieza.
No se puede ejecutar tu nombre sin un nombre.

¿Cuál es tu nombre?

¿Cuál es tu nombre?

Dime, ¿cómo te llaman?

De *En un lugar limítrofe* (La Imprenta, 2023)

Acercarme a eso que se arroja.

Mojar los pies en
abono. Fecundación. Fertilizante. Fértil. Pulgón.

Si fuera pequeña, pequeñísima,
me dejaría arrastrar por el agua de las acequias.
Si cupiera. Si cupiera en
lo que delimita
me dejaría ser por la corriente
gota a gota
por la corriente.

Pero me acerco a lo que se arroja
y
escojo ser
fecundada. Abono. Fértil.

De *En un lugar limítrofe* (La Imprenta, 2023)

Accésit Juan Ramón Jiménez - Zenobia Camprubí

RAQUEL AEDO

(México)

Verso libre

Érase una vez un verso
Octosílabo perfecto
Cansado del orden recto
Y cuadrado de su metro
La influencia universitaria
Las tertulias progresistas
Y las charlas incendiarias
Lo volvieron izquierdista
Latía constante en su pecho
El anhelo de ser libre
De demandar su derecho
De ser uno quien se escribe
Su padre que era un orgulloso poema
Estricto endecasílabo completo
Notó en su hijo radical un problema
Que atentaba a su ostentoso abolengo
¿Que quieres ser verso libre? ¡Mal hecho!
En esta familia somos sonetos
Y mientras tú vivas bajo mi techo
Serás medido, métrico y correcto.
Su abuelo Alejandrino, un viejo sabio y noble
Roncaba comodino, heptasílabos dobles
Mas dijo una voz consentidora
«Ven hijo mira», era su madre
Que era una décima muy señora
Para cuyos sueños ya era tarde
Pero en su hijo aún veía la esperanza
«Ten un dinero hijo mío y viaja,
pues sólo importa el aquí y el ahora»

Llegó al mundo anglosajón
Y ahí se unió a un hoyo funk
De sex and drugs and rock and roll
De a cuatro iambos por renglón
Luego al oriente
Con los maestros del Haikú
No entendió nada
Conoció a una bruja en la sierra huasteca
Y probó una extraña concocción
Algunos lo llaman el peyote de la letra
Su sal activa es la aliteración
Y aliteró y aleteó, tanteo atento el firmamento, atontado y sin aliento.
Trasnochó con tantos locos. Tomó tanto, tocó tanto fondo.
Entonó tarareos con títeres transas y tartamudos y tristes teatreros; entre tambos y tragos y tronos toscos de latón y trastos tiesos.
A través de trombas en trineos de latas que trinaban que tronaban. Que tirititaban.
Se aturdió. Se atarantó,
lo tuvo todo.
Y lo tiró
Se atormentó.
Se entumió
Se atenuó
Cerró los ojos
Y respiró.
Y se olvidó
Y fue libre
Verso libre al fin
Fue todos los colores de la creación Y en todos los colores
Fue un lienzo en blanco Que se volvió igual al vacío Por un segundo sus yemas tocaron la frontera entre lo Corpóreo y lo Divino.

Mas fue tal su distracción
Que fue soneto de nuevo
O eso fue lo que pensó
«Espera sólo un momento
Creo que esto no es un soneto
Creo que es una ¡oh no! Espera...»
Pero había acabado el tiempo
Y al final nuestro verso
Fue su propia calavera

La luna llena no está garantizada

Gracias por adquirir "Noche Instantánea"(TM)
Instrucciones:
Retire su "Noche Instantánea"(TM) del empaque
Asegúrese de que el sello esté intacto,
de lo contrario su noche será sólo un recuerdo
Calentar en el microondas por 3 min para una noche de verano
Calentar por 30 min para una noche de pieles fundidas
Dejar enfriar para una noche desde la ventana
Agregar agua para una de llorar hasta el amanecer
Agite vigorosamente
Para que sea inolvidable
O guarde su "Noche Instantánea"(TM) en un cajón
Para que siempre siempre sea suya
No consumir durante el embarazo
La entropía no es retornable

Mnemotecnia para memorizar el alfabeto

Adelaine, Bella Chelista De Estrasburgo, Fabricaba Geniales
Historias Imposibles
Juglares Kafkianos La Mataron, ¡Necios Ñiquiñaques!
¡Obras Patéticas Quintalugareñas Remplazaron Su Trabajo Único!
¡Verdadera Wolfganguiana Xecuda Y Zig-zagueante!

Quimera

Soy una quimera
Me transformo a cada ratito
Por eso a tu fiesta me fui de enfermera
Pero me vine de perrito

En la cocina

Ese momento en el que entras a la cocina
Y no recuerdas si entraste por un vaso de agua
O por la ventana

El Gran Show

El Mago se acercó a la caja
que contenía al gato de Schrödinger
Con un pase de su mano
presentó ambos gatos vivos
Después multiplicó un átomo
Puso la parvada a revolotear sobre la audiencia
Pero como los átomos
son más que nada espacio vacío
nadie se dio cuenta

Como gran final reveló un enorme espejo
"¡Taráaaaan!" Exclamó y le mostró al público
que ellos eran la refracción
Sacó un martillo
Rompió el cristal
Y mientras aplaudían todos
dejaron de existir

POEMAS FINALISTAS

NEREA MAGNESIO

(SANTANDER)

Pasajero 52

no puedes injertar un pomelo en un manzano
como no puedes entender por qué te encuentras a unas personas y no a otras,
por qué nace un hongo extraño en la última naranja del frutero.

no puedes rascarte los fondos de los ojos aunque te duelan una barbaridad.

Pasajero 81

aquí estamos en este tren parados
como un perro de familia maltratado
moviendo la cola a la hora de comer
conforme con su mundo de caminatas cortas,
agua limpia
y una cama donde pasar la noche en eterna vigilia
porque hay un limbo que nunca se abandona
porque no hay escape para los propios demonios
porque no puede ser que el cielo tenga principio
y se acabe.

Pasajero 70

qué sencillo parece todo ahora en este tren parado
cuando no te veo
cuando no veo lo que adorna tu pelo
cuando no veo la dulce confidencia de tu cuerpo desnudo.

qué sencillo parece ahora pensar
en este tren parado
que habremos de ser felices
y aguantar en el tiempo aunque el tiempo se caiga y se derrumbe
aunque ladren perros en puertas ajenas
aunque crezcan présules sin padres, sin madres
aunque muramos vivos
y todo se caiga y se derrumbe
y se queme en el fuego
y se aviente en la nada.

Pasajero 77

viajo con una sonrisa suficiente
en este vagón con litera
en este tren convertido en una especie de manada constituida por meras casualidades donde en el mareo del cero movimiento la mayoría de las cosas tienen matices
donde nadie sabe si llegado el momento
preferirá reventarse los sesos
o astillarse el corazón.

cuántas veces nace así el poema,
de donde menos se lo espera.

Pasajero 92 (II)

Madre me ha dicho:

que no se te noten las tetas
que te sudan las tetas
la fragilidad
el epicentro
que no se te noten los poemas
el llanto inútil
la sangre saliendo por la vagina
como magma
que no se te note que todos somos un poco decepcionantes al fin y al cabo
la sangre saliendo
como una puerta que se abre con ruido de cerrarse
que no se te noten las tetas
la sangre
que apostrofamos dulcemente la frivolidad.

sé como tu Padre:
la imagen del silencio tan eficaz
como una tachadura de censor.

Pasajero 143

Loli,
que es que estoy parada en el tren, por eso te hablo bajo; sí, sí, hay un muerto en las vías; sí, sí, ya le he avisado a Jose Luis, que siga como si afuera la tarde no tuviera goteras, que yo llevo varios versos pegados al estómago y que friegue; un muerto, sí, se ha tirado a las vías; ya no va a poder ser el hogar de alguien, ni su habitante, ni un olivo lleno de yemas; sí, sí, está bastante muerto; no, Jose Luis, no, el muerto; es que es muy difícil estar muerto, Loli, y es muy difícil también estar listo para amar a otra persona, es lo más difícil que hay; sí, sí, es como sostener una escorrentía o elegir un melón o hacer un buen cañizo para que no ramoneen las cabras;

Loli,
que estoy parada en el tren, que hay una persona deshabitada, una confusión de bocas, la zozobra latente de un hombre; sí, que a veces siento que es un parto eterno la vida, que no entiendo a Jose Luis, que siempre estoy curándome de algo que me ha herido y que nadie nos ha enseñado a besar y es lo único que hasta el final buscamos... por eso te hablo bajo, Loli; y por el muerto; y por las cabras, sí.

CRISAL RODRÍGUEZ

(BARCELONA)

1

Cómo decirte
que confundo materia y energía
desde mi más tierna infancia.
Las palabras de los adultos.
Sus no palabras.
Los dioses ateos en los que nos ha tocado creer.
La materia que es solo suma de partículas
tan lejos de la tierra.

Cómo decirte
que confundo materia y energía.
Las intenciones de los hechos.
Las promesas que nunca se cumplen.
Y esta hambre que aún me quema.
Con ella, he hecho cenizas
y con el agua que es el 70% de mi cuerpo
he hecho tinta
y con esa tinta
he hecho este poema.

Cómo decirte
que confundo materia y energía.
Que entre tus piernas y tus brazos
hay un misterio
que la anatomía no describe.
Y yo, que siempre he sido buena estudiante,
observé cada segundo de tu día
como un náufrago al horizonte.

¿En qué región del encéfalo existe el nosotros?

¿A qué frecuencia vibra tu voz cuando no dice lo que dice?

Pero hay un hambre.
Y hay una boca.

Hay un daño cerebral escondido entre tus miedos,
un daño tan pequeño
al que, trágicamente, llamamos solo molestia.

Hay un norte
y un campo electromagnético que no nace en la cabeza,
aunque la enloquezca.
Hay un metal que o bien nos funde, o bien nos mata.

Cómo decirte
que confundo materia y energía
ahora que he crecido tanto
que vuelvo a ver como si fuera una niña.

2

—Pero entonces, ¿materia o energía?

Ignorancia.
La unidad esencial del universo
es la ignorancia.

3

Cuéntame cómo lo sabes.
Dime si no cambiarías
ese silencio por un beso,
esa caricia por una palabra.
Metílame.
Dime la verdad.
Desacetila mis nervios.
Genera genera genera corrientes,
campos de enigmas, que broten naranjas y amarillos contra la muerte.
La muerte bajo la tierra.
Esta
tuya
mía.

Vamos todas camino a abrazarnos en un mismo punto.
El desenlace
de oxígeno
hidrógeno
carbono
recuerdo.
Recuerdo.
Recuerdo.
Cuéntame cómo me echas de menos.
Réstame el frío a ser olvidada.

Hay oligoelementos sin los que moriría en este mismo instante.
Qué soy sin hierro.
Qué soy sin sangre.
Qué soy. Un entierro.

Como el tren a las 8 de la mañana.
Como las caras ajenas al nacer del sol
volviendo a la caverna, tras la pantalla.
Como Tik Tok llenando sus rostros
mis datos, los tuyos
dinero barato
que sale tan caro.

Cuéntame cuéntame.
Cuéntame cómo lo sabes.
Cuál es ese secreto.
En qué cámara aguarda
cámara cámara flash
flash flash cámara
cámara selfie
cámara calle
cámara cámara
cámara deténgase
deténgase.
Deténgase.
Nada vale ser registrado
si yo no registro nada.

Nadie tiene la culpa.
Todos son responsables.
Nadie tiene la culpa.
Todos son responsables.
Nadie tiene la culpa.
Todos son responsables.
Nadie tiene la culpa.
Todos somos ausencia.

Cuéntame cómo lo sabes.
Dime si no cambiarías
ese silencio por un beso
esa caricia por una palabra.

Metílame.
Dime la verdad.
Desacetila mis nervios.
Genera genera genera corrientes,
campos de enigmas, que broten naranjas y amarillos contra la muerte.
La muerte bajo la tierra.
Esta
tuya
mía.

Existe un secreto que aún no hemos sido.
Existe un secreto al que aún no hemos ido.

4

Escribo esto, agachada
bajo la mesa del miedo.
Contaba las sílabas de mis *no puedo*
hasta que un día junté sus cantos afilados
y los arrojé
y reventé el techo
y nació el tiempo.

Iluminándolo todo.

5

¿De dónde vienen?
¿Dónde nacen las lágrimas?
Los libros dicen: del lagrimal.
Pero mi dedo recorre el tejido
la piel hacia adentro
y toco la infancia
y palpo la ausencia
abrazo no dado
cuerpo que cae
en la boca del tiempo
sin que nadie lo note.

Cuerpo que cae
pero no hacia el suelo
sino hacia la falta de escucha
la indiferencia
—no sientas pena por mí,
yo no la siento.
Solo siento
y todo cabe
y nada sobra.
Todo cambia.

Aunque ahora,
exactamente ahora
el órgano de mi memoria
toca un réquiem que no puedo elegir.
Sobre mi pecho, una alfombra de teclas grises
una lápida silenciosa contiene los gritos
que nunca es buen momento para escuchar.

¿De dónde vienen?
¿Dónde nacen las lágrimas?
Los libros dicen: del lagrimal.
Extracto de plasma sanguíneo
filtrado de agua y sal mineral
mina secreta
y secreto
y sal, sal, sal.
Promesas rotas
sal.
Es verdad
sal.
Soy tu cómplice.
Sigo aquí. Escuchando
mentiras que te cuentas a ti mismo
hasta ser verdad en mí.

Como *ahora no puedo*
en otro momento
otro otro siempre otro.
Y es lo otro una amenaza
es lo otro un suicidio
que me hace elegir entre ser yo
o morir contigo.

...
Ya veis.
Quería hacer un poema alegre.
Invitaros a bañarnos en el parque de la vida
y entrar y salir del lago del dolor
y descubrir el calor al secarnos bajo la dicha.

Quería brillar, como elijo siempre.
Pero hoy niebla
nubes que caen
suben y bajan

y una diferencia térmica provoca fuertes vientos
y hace frío aquí afuera
y hay tanto amor aquí adentro...
El agua se condensa
y tú eres solo tú
y yo soy solo yo
cuando no somos nosotros.
Presas de un mismo sistema métrico
arcaico
cadavérico
cada vez más
más más sal
sal y secretos
secreta el lagrimal.
Un animal licuado
huyendo hacia delante
herido animal
y sal
sal
sal

es
entonces que algo para.

Sonidos antiguos que
siguen sonando, reverberan.
Encadenan futuro y pasado
meninges,
líquido cefalorraquídeo y
tragedia, drama y desamparo.

Justo ahí, hay tres capas:
la dura
la blanda
y un espacio diáfano
por dónde viaja el ahora

Y lo siento.
Puedo sentirlo.
Siento su dicha y su música.

No sientas pena por mí.
Yo no la siento.
Solo siento
y todo cabe
y nada sobra.
Porque todo cambia.

¿Dónde nacen?, me preguntas.
¿De dónde nacen las lágrimas?
Y te respondo, sonriendo:
las lágrimas nacen de mí
y en mí germinan los frutos de su beso de agua.

6

Podemos ver cómo el sujeto intenta
conectar la parte superior e inferior del cuerpo.

Cómo el ideal
cómo lo real
buscan y se cazan.

Sus brazos, que cuelgan
ignorantes, frustrados
arcos aun sin flecha, donde reposan instrumentos altamente
evolutivos —las manos,
van enlazándose con el movimiento de la columna.

Todo lo elevado
todo lo seguro
hablan a la vez
gritan, se gritan
sus pancartas
sus promesas
quieren fieles
fundan cada una un partido
votan por sí mismas
contra
contra
contra
crean su discurso
narran
suenan
cantan

unen imagen
peligro y
molécula en el
órgano del miedo.

Por fin, algo cierto: somos enemigos.
Tú y yo, separados.
—la certeza siempre gana a la incertidumbre
aunque sea matándome.

Las manos luchan por abrirse al aire
las manos luchan,
la garra es siempre más pequeña
el animal que se agazapa
el dios que ahora pregona
las manos luchan por ser caricia, tacto
párpado carne, que amasa el presente.

Fíjense: los pies son plumas y sus dedos, basalto, deslizándose
por el suelo
como brotando del núcleo.
Pueden dejar rastro sin sangre
o miseria carencias desprecios.

Los pies entran lentamente en la tierra
un río estático que ondea sobre el centro de esta casa
y puede sentirse su ritmo
y el ritmo que hace de los órganos
sinfonía
bosque.

Por fin materialismo colapsa
Por fin colapsa el capitalismo
que separa la sístole de la diástole

el yo del nosotras
dinero y ser humano
lo eterno de lo flexible
lo fuerte de lo suave.
Por fin colapsa la clase obrera y los discursos simples
sin pobres malignos
ni okupas malvados
ni falsas denuncias
esclavismo, el del nosotros, que me aleja de mí misma.

Y la historia es la historia es la historia
y releo la mía y sorpresa
reposiciones
remasterizaciones de grandes títulos épicos
trilogías y pancartas
y los pantalones de campana han vuelto otra vez
soy tan moderna
tan original.

Pero yo
yo...
soy algo más que yo.
Libre de mí, libre yo,
contigo, sí creo que podemos lograrlo.

La columna vertebral es ahora más flexible.
No es lo mismo mirar con la frente que mirar con la nuca.
Hay ríos verticales que brillan en mitad de la noche.
Y en la noche oscura del alma
hay columnas invisibles sobre las que sigue
reposando todo el universo.

Podemos ver cómo el sujeto está
conectando con éxito la parte superior e inferior del cuerpo.

Podemos ver cómo el sujeto está
conectando con éxito.
Podemos ver cómo.
Podemos ver cómo.
Podemos ver.
Podemos ver.
Podemos
ver.

ENRIQUETA ULZURRUN

(MÁLAGA)

Ofrendas

I

Escribir. Para señalar. Para decir el grito. Hacerle cauce.
Escribir y se llena se abre
crece brotando urgente.
Escribo: *hoy está siendo* y separo las dos mitades el hueco
la cabeza   [el cuerpo

porque hace tiempo que no digo sin decir apenas nada
porque me mira y lo miro   me señala. Todo está aquí dentro.
Su olor estalla, se queda se pega
a los dedos para decir *este es tu rastro*.
El cuerpo. *Esto* y retumbo
contra el cielo del paladar. *Somos*.
Escribir sobre la letra mojada los pies el hecho el vómito
los nervios amoratados. El silencio.

Escribir para no cerrar los ojos cuando apenas logro esquivarlo
porque sabía que hoy supongo que siempre lo supe
que el dolor es el medio la recompensa *la costumbre la materia los fluidos el ácido alimentando caliente, escribo* hoy decido, aunque sea tarde desde el suelo:
el hambre mastica siempre todas las muertes, escribir.

II

dicen que una niña se convierte en mujer cuando pierde su cuerpo es el sonido como de huevo al estallar *clack* el cuerpo ya no los veinte dedos gotean en una mucosa gástrica pendiente en la comisura no hubo infancia para cicatrizar el cuerpo recién hecho todas las partes blandas se perderán en este consuelo: en el escupitajo sobre mis pies. comer no saciará el hambre no es del estómago los mecanismos son otros. de otros. para. otros. la palabra necesita humedad para ser oída. hacer como el dolor con el cuerpo reducirlo cambiar sus costumbres hasta acabarlo hilar la mentira hasta hacerla verdad no responderé ninguna pregunta yo pertenezco a mis manos a su bella disciplina. su dedicación a mí. es por eso que debo serle fiel para acallar el ruido hacerme invisible el hambre cría nuevas bestias siendo yo la cara de ambos lados de esta herida.

Una nana

No hay nadie más en la habitación asumo
que la culpa ha sido mía
este olor químico no es fácil de disimular
esta boca blanca de yegua exhausta lo ha reclamado
empieza con un canto, una nana: esta será la última
para no perder el equilibrio la costumbre la
disciplina de mis dedos
porque cuando haces del dolor un arte
dicen: estás enferma

porque te dejen de crecer el pelo las uñas
perder la regla las ganas de hablar 20 kilos en un mes
mientras buscas en Google en cuentas de Instagram
el primer diagnóstico a las 3 de la mañana
de un miércoles de octubre de 2021
nunca fueron síntomas de alarma
mientras ellos se lavaban las manos es curioso
yo me preocupé en ser constante y aplicada
aprendí a eyacular no del sexo sino la boca
masturbar no el coño sino la lengua

sola en silencio
torpe y decidida
a reservarme. a callar a entregarme a encoger a adelgazar
las palabras porque las gordas no sabemos ser egoístas
comemos tragamos sin pedir nada a cambio
no enseñamos los dientes sólo cuando comemos
no se nos está permitido ni el hambre ni el deseo
un cuerpo triste obedece cualquier cosa que le pidas
estar viva es lo más peligroso del mundo

Luna en Piscis

Me muevo en círculos. Nada llena. Cae. Cae al suelo atrapado. Y lo siento tanto como pesan los huesos. Estoy llena de nada. Un deshecho. Un fracaso. Cuerpo sin madre. Y qué pena. Vosotros me queréis y yo más me odio. No quiero. Estoy aquí tan vacía y vosotros tan llenos que querría mataros. ¿Cómo confiar en un cuerpo, un lugar, tan abierto? Hay una posibilidad. Bombea. Contra el oído. Susurra insensible al golpe. El pie en el aire. Cicatriz blanca. Todo depende ahora de las manos fingir la dignidad del movimiento. Pulirlo. Pulirme como hace el mar con el cristal. Reducir al translúcido. ¿En qué me he convertido? Yo—sombra pesada que no para de crecer. Pesada y caliente. Baba amarga. Para. No quiero esto. No quiero ser. No lo pedí. Me echo de menos a la vez que me odio. Me odio tanto. Y no es culpa vuestra, es mía. Lo hice todo mal. ¿Cuánta culpa puede guardar la cabeza de un recién nacido? No pretendía herir y me clavaron un anzuelo en la boca. La muerte como refugio.

[la sangre bombea]
contra el oído
agua roja que grita
bajo la puerta

hubiera podido evitarla
                    la carcoma blanca
                    el orificio
controlar su extremo
el equilibrio
de esta boca muerta
                    desencajada de yegua
al filo del matadero

porque yo debo limpiar
la grasa magra mansa
flujo mucoso estéril
de mí

que resuena que observa

qué hacer ahora
que has vuelto
herida, herencia descarnada
a revelarte
eres todo lo equivocado
de mi vida

un cuerpo
                    que no me pertenece

hueso que observas
lleno de sed
aquí dejas expuesta
tu violencia
                    tu brutalidad
es injusto
que duermas en mi centro
lunar hongo oscuro
que no calles que no dejes
que mi boca te muerda
táctil líquido
porque mientes
                    mientes
ácida baba viscosa
me ciegas
me dejas
quieta
y ordenas
hacerme daño.

DIEGO GUTIÉRREZ

(MADRID)

Algunas mañanas los brazos rotundos de las avenidas se hacen implacables y no amanece un
solo niño sin termómetro
y el asfalto no soporta una bicicleta que se confunda con oxígeno.
No queda un solo anciano para la llegada de la tarde.
El calor es un diente antes de la noche y nos duelen las encías a cuarenta grados.
Los coches son como caries que se atascan y las antenas de los tejados por fuego son quijotes quietísimos sin brazo izquierdo, rascadores de metal para los gatos que estampidan las ventanas. A la noche, solo queda la resaca de una farola,
no queda ni un solo beso en esas horas cerradas de los bares,
y hay que atravesar a duras penas las contaminadas calles de vuelta a casa, ver de lejos los autobuses por elefantes perdiendo sus rutas hacia el agua.
El trabajo duele a ratos en la espalda,
y consume constantemente el tiempo por fuerza y en los bis a bis no nos queda amor en la uña para regar una planta.
Se me ha derretido el último cigarro y ha sido el momento de salir al campo, volver a los pueblos abandonados de mi infancia y confundir el granito por toro, reconocer la charca por tacto, recordar el aire por lo que de pájaro tiene.
Y ha tocado llevar mochilas que huelan a bocadillos y latas de cerveza con los pies en el agua, espantar mosquitos con un torpe movimiento de rodilla, tener el sol por memoria de madera, coger el beso por encina.
Y luego soltar los caballos, bañarse con los perros, desempolvar las bicicletas.
He vuelto en olfato por memoria a reconocer libélulas, creer que el río en el agua cabe, dar la vida por un salto, soñar que soñar es cierto.
Y ahora guardo esta memoria sin hambre para cuando la ciudad es más fuerte y con sus largos brazos de acera va pudiendo conmigo.

El cierre de los parques.
Por la puerta norte solo el viento entra entre las verjas.
Caballo manso que se doblega a cada rato que atraviesa la única flor de la mañana. Y los niños, tan lejos tropeles de la música,
que se quedan en las antesalas de los grandes conciertos,
las encinas, los robles, el pino negro,
qué soledad nos aguarda tras las puertas que no vemos.
Llamad, niños, llamad.
Dime qué jardinero no abrirá las puertas de la primavera para los ángeles rubios, llamad descalzos, llamad como rumores o cuchillos,
me haré pequeño a vuestro lado,
entraremos entre los agujeros como humos o roedores,
conquistaremos los torpes columpios que le queden entre los dientes a la mañana.
Por la puerta sur, entra una decadencia de golondrinas,
y no se cansan de rumiar los diminutos pastos de las migas de ayer,
apenas ya fantasma o carta sobre los bancos enfermos,
pronto confundiremos la sombra con la mano,
los días y las noches pesarán como los desesperanzados cubiertos de los hospitales. Esperaremos hasta que ardan los últimos alambres antes de marcharnos,
antes de rendirnos como brazos o paraguas.
El sol ha señalado de momento un solo punto de alquitrán, de humo, de cáncer. Mientras pasan respirando los niños las grandes verjas negras de los parques cerrados.
Por la puerta oeste,
se ven los columpios como animales que se llenan de óxido las patas
y apenas avanzan existen los chirridos de las puertas más terribles,
irán muriendo hacia la dirección de las estatuas,

con la diligencia de las últimas nubes que no traen más que ácido,
es el lunes de los ascensores que aplasta con su peso las mejillas de este mediodía, es este ombligo nuclear del mundo.
Temo ya presionar el botón de los timbres (Por si la muerte abre llena de espacios negros, quemados, con los dientes blancos de los animales muertos).
Ya no hay continuidad en los parques,
ahora una gran llave mantiene cerrados los domingos con dermatitis,
y me pica todo el cuerpo de los días frente a las rotondas,
las tiendas de ropa más simples me producen enormes sarpullidos y solo puedo pensar en grandes fábricas sin ventanas, en los terribles niños que crecen lejos de los parques.
Pero la puerta terrible, mi puerta terrible es la del este en la que no entra un solo alacrán bajo el sol, y solo quedan las gentes ya sin esperanza frente a las tumbas del hogar.
Intenten entrar niños, endiablados ángeles rubios para mañana,
intentad entrar por los recovecos,
por los jirones que deja la noche contra las linternas, no os rindáis ahora.
Porque nosotros ya somos bancos quietos de peces que esperan al sol y la luna con la boca abierta, y nos rendimos tan fácil ante la sequía y los incendios,
poned vuestra primera piedra, demonios de luz torpes aún,
levantad para vosotros el hogar de las plantas,
no os rindáis como brazos o muebles ante los más temibles adoquines,
habitad, hijos de otros, mis grandes vacíos huérfanos,
habitad la ciudad y no os quedéis como mosquitos muertos a las puertas de la luz, tocando inútilmente
las oscuras imposibles verjas de los parques cerrados.

En Marte hay agua,
las piedras de lava amontonadas a tropel y hectáreas son animales que digieren un calor sin estómago ya,
las panzas de los burros están boca arriba,
abiertas sin bisturí,
las plantas pinchan la tarde y la noche llega sin insomnio y sin sangre suficiente para parir estrellas,
te puedo besar sobre 20.000 años de historia.

En Marte hay cangrejos ermitaños sin cáscara,
una sola carretera que corta como un cuchillo los lunes de alquitrán,
las cuevas tienen dientes diminutos, estafilitos
y las rasga el aire húmedo de la mañana,
César Manrique tiene piedras blancas y negras para decir exactamente hogar o erosión, ningún árbol soporta un sol tan cerca, los insectos aquí son zurdos,
lo sé por nostalgia, la corteza no vale, los cáctus crecen con un solo dedo índice y señalan el malpaís de caries que llega al mar.

Esta tierra que pisamos estaba bajo el mar
y ahora tiene escasez de agua,
qué ironías tiene el tiempo,
los únicos viñedos y árboles frutales crecen en la tierra fértil que existe bajo las piedras más secas y duras, al hacer un hueco quedan unas manos huecas que parecen llevar cuencos con leche o como si la tierra sostuviese los primeros embriones de la vida tras el desastre, nosotros pasamos a caballos de silencio por las laderas de los volcanes,
y nos miramos pensando,
es verdad,
en Marte hay agua.

Dos flores ya son un jardín,
dos muertos ya son un cementerio,
tal vez tú y yo esta noche seamos un refugio para los niños sedientos de caucho y tierra.
Mañana se vendrán abajo los imperios,
el fuego derrumbará un coliseo y todo será de fuego, las oficinas de fuego,
las hormigas de fuego,
y habrá que tener mucho cuidado de no matar ninguna lagartija al darle agua de beber.
Dos niños ya son una escuela.
Mañana seré más joven,
tal vez para cuando muera logre tener tres años, pondré mis rodillas y mi empeño.
Mi infancia es para mañana que todo estará entre largos días de atascos,
y solo nos tendremos los unos a los otros, seamos los grandes desconocidos,
dime,
crees en los gatos?
Dos besos es hacer el amor,
dos olas ya son el mar, todos los mares el mar.
Aún no aprendí cómo se sube una escalera,
no me quedó claro cómo se dice hola a un congresista, siempre me nublan sus zapatos, nunca me fie de nadie con los zapatos limpios.
Mi sueño es una verdad,
mi noche es un gran olivo con una sola aceituna blanca, y hay que tener las manos muy blandas para no agitarlo mucho.
Cuántas veces he dicho, seré yo esa lluvia? Dos espejos es el infinito, un reloj es el tiempo, dos ya son la muerte.

La palabra es lo que pasa al otro lado del pulso de las cosas,
una flor es un cronopio,
dos son un jardín,
tres son un balcón,
cuántos rostros bajo la lluvia...

Camareros y lluvia

A mí se me empapa la memoria con el agua,
si llueve pasado mañana yo ya lo sabría,
tendría mojados hasta los codos. ¿No notas que las hormigas y las cucarachas suben a las casas en busca de refugio?
Las que se resisten a tal vértigo están haciendo listas para ir a por hojas grandes como barcas que pondrán boca abajo. Según los últimos periódicos,
los perros se han puesto en guardia.
Los pájaros están a la defensiva no están de acuerdo con que llueva en jueves.
Los skaters ya tienen la plaza mojada,
y fuman en los soportales desde antes de las once.
A los camareros les da más o menos igual, han decidido apostar un gesto amable.
Excepto los de las terrazas que han hecho ya una huelga de bandejas sobre la cabeza y planean atacar la embajada con limones.
No hay derecho a que llueva en jueves.
Que va a llover mañana se sabe por las abuelas, que han adoptado ya un discurso hostil contra las bicis y los patines.

Se está resolviendo todo en el último momento.
A los niños se les acaba de informar por medio de rayuelas y nueces,
dicen que no importa.
Mañana saldremos a jugar
y será viernes o tulipán y dos charcos harán de portería, luego, antes de acostarse,
si hay suerte,
solo quedará en la cama, como los restos de un helado los recuerdos fríos de haber jugado bajo la lluvia,
y el día volverá a empezar sin que a ninguno nos importe si es lunes o encina. A estas alturas de la historia, Ustedes, ya saben, pueden comprarse un paraguas. Nosotros ya estamos empapados.

ZELI MUSIU

(FUERTEVENTURA)

Cegarnos

Cada vez que te miro
Me estás mirando.
No sé si me miras porque te miro
O si realmente quieres mirarme.
¿Me miras o no me miras?
Esta duda me está matando.
Dime si me miras como yo te estoy mirando
Porque mis ojos están deseando
Estar tan cerquita tuyo
Que no podamos…
…ni mirarnos.

Ciego de mí

Por esperar paciente, como una roca en la orilla,
cuando quise ser ola sumergida en el mar de mis adentros.

Por enfrentarme a la verdad, cuando cobarde de mí le huía en el espejo.
Por ser primavera en el alma cuando aparece esa densa bruma que abruma todo.
Por apartarme del camino cuando no dejaba de tropezar con la misma piedra.
Por ser siempre red segura para volar sin miedo.

Por prestarme tu voz, cuando petrificada mi lengua
era incapaz de articular palabra alguna.

Por tus párpados chorreantes de sol en medio de mis tenebrosas tinieblas.

Por abonar mi huerto con amor cotidiano,
de ese en el que a veces hay que meterse en el lodo
y buscar el abono con tus propias manos
y dibujar con tus propios dedos jardines frondosos en otra alma.

Por verme siempre tan bonito,
y por saber decírmelo incluso cuando la inseguridad es una serpiente
danzando por mi cuello.

Por tu abrazo siempre cálido y dispuesto a fundirse en mi cuerpo.

Por todas las veces que hicimos el amor,
Y el amor se hizo en nosotras.

Pero sobre todo por prestarme tus ojos,
cuando yo, ciego de mí, no soy capaz de ver mi tesoro.

Gracias.

Mas allá de las miradas

Me miras…

Y una llamarada se escurre por mi cuerpo hasta dilatarse en mis pupilas.

Latidos de jolgorio estallan en mi cora provocando un cosquilleo
que se pasea suavemente por mis entrañas.

Cual mariposa con un ala rota aleteo desperado, intentando encontrar
equilibrio ante el huracán de sensaciones que me provocas.

Una fuerza magnética me impulsa a cegarme en tu mirada.
Pero las cuerdas de cordura me sujetan.

Solo mis ojos pueden gritarte el deseo de mi alma.

Entre las grietas de mis murallas hallo una rendija para ofrecerte
un camino en el que compartir aleteos.

Una ligera sonrisa se dibuja en tu rostro.

A veces, solo a veces, no hacen falta las palabras.

Se desbordan mis pensamientos al imaginar los múltiples universos
posibles en los que podemos compartirnos.

Ojalá no nos paralice el miedo.
Y podamos hacer amor…
...más allá de las miradas.

Mi Niño

¿Quién coserá este roto?

En el espejo se reflejan desgarradas las endebles costuras
de mis maltrechas cicatrices.

Entre sus rendijas vislumbro un niño embadurnado en bilis,
berrinchando y pataleando pues no es de su gusto
el hostil hogar que habita.

Se inundan mis lagrimales con años de sus lágrimas contenidas
por los enormes diques que construí con las piedras de mi camino.

Siento en mi vientre la desmesurada ira que en su interior siente.
Sus iracundos gritos debilitan mi sistema inmune y me exponen
hasta hacerme sentir su dolor.

Tiritando del miedo, me he atiborrado de placebos.
Infinitas tiritas he colocado en mis heridas para dejar de ver
sus pupilas entristecidas en mi reflejo.

Tanta tirita y tanta fisura que acabé construyendo sendas murallas
acorazadas con las que desterrarle al ostracismo permanente.

Pero es tan intensa su inquina con mostrarse que sus alaridos
se acaban colando entre las grietas de mis muros.

Enclaustrado en mis avernos, con mis demonios pacto treguas.
Simbiosis que le dio fuerzas para colarse en mi inconsciente.

Pues no se puede huir de las raíces, no hay pozo tan profundo
en el que esconderte de ti mismo.

Mi niño solo quiere que le escuchen, que alguien atienda
sus desgarros y le susurre al oído versos de amor que acompañen
sus traumas.

Pues las manos que sostienen no siempre están limpias
y la angustia se trasmite con la mirada.

¿Pero qué culpa tiene mi niño?

¿Por qué hay en sus suelas más dolor que el que sus pasos han pisado?

¿Por qué sostiene con fervor este racimo de heridas
que no le pertenecen?

¿Será que alguien puede ayudarle?

Me pregunto mirando mis ojos en el espejo.

Oasis de Paz

Algunos días me despierto con un lagarto atravesado en la garganta,
un león rugiendo en el pecho y chaparrones en las pupilas.

A veces, mis alas se cansan de romperse en cada aleteo,
por volar contra los mitos de este mundo en el que habito.

A veces, me harto y se desploman de mi ser las ganas de seguir caminando.

Me hartan los horarios, las rutinas, malgastar los días sin dibujar estrellas en mi cielo.
Me harta ser esclavo del trabajo asalariado,
y sacrificar mi placer para llegar a fin de mes.

Me harta la viciosa ambición humana,
el endiosamiento del dinero,
la cultura del consumo.
El "tanto tienes, tanto vales".
El "tanto me das, tanto te quiero".

A veces, solo quiero huir.
Huir de este mundo carente de humanidad,
condenado al colapso por llenar carteras antes que bocas.
De esta hostil intolerancia hacia la diversidad.
De este mundo de zombis borregos que aceleran en su salto hacia la muerte, olvidando que la meta es el camino.

Pero por suerte, entre este bosque de gente inerte
deambulan algunos seres de luz,
que son oasis de paz en esta guerra permanente.

Quienes sin preguntar te ayudan a construir trinchera y te prestan su nido cuando necesites recomponer tus alas.

Quienes te levantan de la cama y te despojan la flojera, y te deshacen la arrechera, y te dibujan primaveras, tan solo con un abrazo.

Quienes miran a tu jardín sin prejuicios
y comparten sus tesoros para construir realidades colectivas
que ayuden a deshacer ese lagarto en tu garganta.

Tus guerras son las mías

Hace tiempo descubrí
La luz que en mi sonrisa
Llena de paz se divisa
Cuando tú estás junto a mí.
Esa paz que yo sentí
En ese amor cotidiano
Que me deja tan liviano
En medio de esta tormenta
La utopía que se asienta
Si luchamos mano a mano.

Hace tiempo decidí
refugiarme en tus trincheras
A tus luces y tus fieras
un abrazo ya le di.
Y por eso construí
Aquí, a tu vera, utopías
Tus risas mis alegrías
Y tus penas son mi llanto
Con mis versos yo te canto
Que tus guerras son las mías.

POETAS PARTICIPANTES EN EL CICLO #LDELÍRICA

Ada Salas
Ajo Micropoetisa
Luis Alberto de Cuenca
Mario Obrero
Manuel Rivas
Rosana Acquaroni

ADA SALAS

Lucha *(Del latín 'lucta'): Pelea entre dos en que, abrazándose uno a otro, procura cada cual dar con el contrario en tierra.*
Diccionario de la R.A.E.

Así que era
la lucha. Dos cuerpos
abrazados
dos
los dos
sobre la tierra. No habrá reparación no habrá
sutura
para la misma herida
—la herida es
una
una solamente debe entenderse bien
este matiz—

y larga como un río

que une esos dos cuerpos
caídos sobre
tierra.

que aún tienen sal las manos de su dueño.
LOPE DE VEGA

Un hombre corre
tras su perro. Corre
pero no lo persigue
corre
como a cámara lenta
—algo así como si
corriera marcha atrás—
y llama
insistente a su perro
llama
como si el nombre de su perro
fuera
querido perro para compasión.
Quien ve la escena mira
y se pregunta
de qué huye ese perro
—o era
la pregunta
de qué huye ese hombre—
por qué
el paso de ese hombre no deja de frenarse
por qué su amor no aumenta su zancada
por qué
se detiene por fin sobre la acera
por qué
no agarra ya a ese perro que gira entre la muerte.

Truena. Están abriéndose
los cráneos de los dioses. Llueve
como si el agua fuera a rebañar las sobras
en el plato del mundo.
Una mujer camina
bajo el agua
y el agua no la borra.
No la ahoga tampoco.
No lo comprendo.
Cómo
sin aparente esfuerzo
bajo
este cielo cayéndose
persiste en
lo que
sin apenas dudar
llamaría existencia.

Estelar

I

La luz
entrecortada
en
los agujeros de la noche.
Ese grito
y su urgencia
sus piedras que se parten como esquirlas de frío
sobre
el estúpido rostro
de la tierra. Y queremos
oír. Pero oímos tan sólo cómo estalla
su mudo
golpear
en la fragua del tiempo.

con sopra il capo il cielo vasto e vuoto
sotto i piedi la terra fredda e dura
CAMILLO SBARBARO

II

No hallaremos descanso en estas
amapolas
en su desdén blanquísimo
en su danza de Cícladas en torno
de qué centro.
Sobre nosotros
cae
como un rocío indescifrable
la sal
de su veneno.
Y hemos olvidado cómo cerrar los ojos.
Y no sabemos si
es de indulto
o de muerte
esa doble piedad.

III

Hermoso es el palacio de Gorgona
terrible la pautada
la perfecta
sentencia.
Perseo hunde su hoz en el costado azul
de Casiopea
o fulge
la majestad de Orión
suspensa en lo imposible de su caza.
Hay una cicatriz atravesando
el cielo.

IV. (Nana del desengaño)

Pequeña tú
no llores.

Un punzón atraviesa la placenta
del mundo (Altair Vega Antares sois la sangre
de Dios).

Tú no llores
pequeña.

Una sombra que nace de la sombra
te mece

y la luna te asiste con su pecho blanquísimo.

V

Hoy beben en la charca de mi sangre.
Qué extraña la quietud de las estrellas.

Estela de guerrero

Tú que pasas detente
haz
un alto en el camino.
Ven a ver cómo tiemblan
la pizarra y el cuarzo. Caí
junto a mi escudo.
Con mi lanza
persigo
la secreta raíz.
Espejo yelmo escudo
espada y carro y lanza me protegen
de la melancolía. En este espejo
veo
a un hombre como yo. El filo
de una hoja
la uña
de una noche
nos separan.
No hay tumba más profunda que el propio
corazón.
                    Oye
lo que te canto coge
lo que te ofrezco

vuelve a emprender
tu marcha.

Danzantes. Metopa

Vosotras
que danzáis con los ojos
cerrados no perdéis
el compás. Quién os guía en lo oscuro
del bosque. En la noche
del tiempo
qué música os suspende. El calor
de una antorcha
—su mudo
resplandor—
refulge en vuestro pecho. Dejad
que os acompañe dentro
quiero

escuchar el relato
del mundo

en el centro
danzante

de vuestro corazón.

AJO MICROPOETISA

Te amo, dijiste,
y la frase no es tuya,
lo sé por la prensa:
Vaticinan una trágica epidemia mundial
de la enfermedad cardiovascular.
Dijiste *te amo* y el desamor fue ciencia.

Micropoema un poco chino

Lirios dorados de 8 cms
hablando de amor:
tesorito de mil piezas de oro
entre tú y yo.

Cerrojos de ceniza
cicatrices con cremallera
y lágrimas de hojalata.
Envuelto entre algodones
llevo yo lo que me falta.

Cuentito

Érase una vez
ahorita mismo.

Fin

La noche viene a quejarse
enfrente de mi ventana.
Le duelen todas las cosas
que pasan por la mañana.

Pereza

No sé si levantarme a por la sal
o llorar sobre la sopa.

LUIS ALBERTO DE CUENCA

Selección de poemas de Amanda Sorokin

Conversación

Cada vez que te hablo, otras palabras
escapan de mi boca, otras palabras.
No son mías. Proceden de otro sitio.
Me muerden en la lengua. Me hacen daño.
Tienen, como las lanzas de los héroes,
doble filo, y los labios se me rompen
a su contacto. Y cada vez que surgen
de dentro —o de muy lejos, o de nunca—,
me fluye de la boca un hilo tibio
de sangre que resbala por mi cuerpo.
Cada vez que te hablo, otras palabras
hablan por mí, como si ya no hubiese
nada mío en el mundo, nada mío
en el agotamiento interminable
de amarte y de sentirme desamado.

Farai un vers de dreyt nien

Sobre ti, sobre mí, sobre el infierno
de nuestro amor y sobre el paraíso
de nuestro amor, sobre el milagro inútil
de haberte conocido y el abismo
de haber viajado al alba y al crepúsculo
con un monstruo tan dulce y tan dañino,
sobre la huella que dejó tu cuerpo
en mi cama y en todos mis sentidos,
sobre el vestido negro ribeteado
de encaje con que andabas por el filo
de la traición, sobre tu piel blanquísima
y sobre el tiempo que perdí contigo....
Sobre todas las cosas que anteceden
y sobre nada —¿acaso no es lo mismo?—
escribiré un poema, recordando
la canción de Guillermo, con el frío
de la distancia y con la sensación
de no haberlas vivido.

Consolatio ad se ipsum

Cuando te veo triste y melancólico,
próximo ya a la ruina cenicienta,
me permito decirte —en estos versos,
porque a la cara no me atrevería—
que aún respiras —lo que es inevitable
cuando se sigue vivo—, que hay películas
todavía que ver, y geologías
caprichosas y océanos en llamas
y tesoros escitas y crepúsculos
que admirar, y novelas que leer,
y connivencias mágicas, y copas
feéricas que apurar. Y aunque no haya
emociones fortísimas, pasiones
consuntivas ni tíos en América
esperando a las puertas del futuro,
hay que intentar vivir hasta la última
bocanada de aire en los pulmones
sin perder la esperanza, sin hundirse
demasiado, sabiendo que la vida
es un horror, y que termina siempre
fatal, y que el silencio está al acecho,
y que la enfermedad nos va minando,
pero que hay que vivir la decadencia
con buen humor, que nuestro *praedicabilis*
no es otro que la risa —acuérdate
de los viejos autores escolásticos—,
por más que nuestro *proprium* sean las lágrimas.

Dinosaurios for ever

Y digo yo, ¿tenían alma los dinosaurios?
A Dios omnipotente, ¿se le ocurrió crear
un edén para ellos? ¿Quiénes fueron los buenos
en aquella película? ¿Los que solo comían
plantas o los carnívoros? ¿Los que ramoneaban
helechos a mansalva o quienes, en el bosque
perenne del Jurásico, perseguían herbívoros
para saciar su sed infinita de sangre?
Todos, sin excepción, como reyes del mundo
que fueron, se merecen un Más Allá de selvas
perpetuas, y de sueños a la orilla del mar
de Tetis, y de duelos a la luz de una luna
que brille para siempre: Dios no puede negárselo.
Para dormir tranquilo los años o los meses
o los días, quién sabe, que me quedan, me gusta
creer que aquellos monstruos de mínimo cerebro
y máximo tamaño gozan de un paraíso
donde vivir eternamente, aunque solo sea
por la fascinación que ejercieron en Bradbury
o que ejercen en mí, y para que los años
en que fueron los amos —ciento sesenta y cinco
millones, más o menos— no hayan pasado en balde.
Al fin y al cabo, el plan de Dios los tuvo en cuenta
como privilegiado jalón en el camino
que conduce hasta el hombre, y ni puede ni debe
dejar que se disuelvan en un olvido eterno.
Al menos mientras vivan en nuestras fantasías
y acribillen de imágenes terribles y entrañables
nuestra imaginación.

Del Mythos *al* Logos

Desilusión:
es un avión o un pájaro,
no es Supermán.

Oración II

Dame tu fuego purificador.
Con la antorcha de un héroe de película
o con una cerilla de cocina
—qué más da—, pero incéndiame,
enciende los hachones de cera del pasillo,
esos que ya no existen
o no existieron nunca.
Y después elimina testigos, si es que quedan,
de la fiesta feliz de mi niñez.
Búscalos en agosto de hace setenta años,
en unas escaleras de ladrillo, no lejos
de la sombra benéfica de un abeto o un pino
—¿o era, tal vez, un Ent?—.
Y mientras el tebeo y el niño que lo mira
van desapareciendo entre las llamas,
haz que todo termine
con el despertar brusco de un anciano,
roto de soledad.

MARIO OBRERO

No medio do Atlántico coma unha nube afundida sigo militando na lóxica poética
sigo siendo los laureles que crecen cada año en el patio
mis dedos sobre la madera sin barnizar hablan del perfume de las azafatas americanas
como un agua invisible los vencejos de hojalata cocinan pollo con miel y galletitas
mi madre me despide con el cordón umbilical en sus manos
resonante como trescientos clarinetes haciendo huelga en las piscinas municipales
avanzo a tientas hacia esa aldea ya visitada

His ancestors

He soñado con mis ancestros y su olor a patatas robadas
los he visto varear olivos con la cara llena de espinas
he visto a mis ancestros bailar sobre una montaña de ajos
al abuelo y su traje marrón
a la abuela encendiendo seis velas en el altar de la caldera
hablo del que juega a vestir las cerillas mojadas con barro
de los que cuentan chistes con la ventana cerrada
he visto a mi madre
una niña con sus primeros pantalones vaqueros mirando al mar
he visto la ropa en los tendederos de Venecia y a los poetas en Nueva York cuidar una tórtola y
su dulcimer hecho con nieve pisada
me he visto mirando al nuevo mundo con las memorias de Mayakovski bajo el jersey
me he visto mecerme lento en los sueños de una chimenea
los barcos el té y los poemas de Emily Dickinson escondidos en la sombra de una ballena
he visto a mis hijos cantar ebrios en los confesionarios
el frío como un erizo envuelto en serrín
en alguna colcha yace un pájaro azul
algún sueño sin calcetines que va comiendo rajas de sandía
los estudiantes de español me recitan al unísono
Verde que te quiero verde.
Verde viento. Verdes ramas.
El barco sobre la mar
y el caballo en la montaña.
Camino por los pasillos de un mundo que huele a gofre y a gasolina.

El equipo de fútbol americano juega en estatales y salimos todas a aplaudir a los jugadores escondidos en sus hombreras

you can't hide that panther pride!

y nos decimos las unas a las otras sé responsable sensata y respetuosa y lanzamos petunias al culo prieto de los quarterbacks pasa el sheriff tocando el claxon de su todoterreno pasa la policía quitándose las gafas de sol pasan los entrenadores escuchando alguna obertura rusa y pasan las cheerleaders con helechos en las manos

you can't hide that panther pride!

porque en Starr's Mill juramos lealtad a América cada mañana saludamos al director al salir del instituto y decimos cosas como feliz lunes Mr. Fred en el aparcamiento de cochecitos de golf busqué en mi ordenador escolar Paul Valéry and Arthur Rimbaud couple y el condado me censuró la búsqueda

but y'all can't hide that panther pride!

en la evacuación por incendio de cada mes suelto un gorrión al amarillo de los autobuses la sociedad honoraria y los clubes extraescolares han plantado una higuera en la cafetería yo les cuento que breva no tiene traducción en inglés les cuento que nunca he ido a una corrida de toros y que Rosalía de Castro tenía una ventana que miraba al mar en la chimenea cuelga un calcetín con mi nombre y todas juntas salimos con el mismo pijama a aplaudir a los jugadores de fútbol americano *con la rueda, el aceite, el cuero y el martillo*

He escrito mis versos a mano como quien echa las peladuras de patata al fregadero o el que quita la capa marron de la cebolla antes de pelarla estas palabras en un documento de Drive parecen las primeras luces de navidad en Peachtree City parecen las particulas que uno se deja cuando va a Espana a merendar con su madre el sueno de los faros mucho tiene que ver con el arce rojo que crece en mi nuevo hogar sus hojas relucientes de lluvia las ramas vestidas de liquen y geometrias ignotas hablan de la receta del pan de Marco Porcio Caton del porcentaje de realidad en la poesia actual o del lenguaje secreto de las flores del Louvre

hablo del rayo de luna que cae al pecho encendido de las ardillas lleno mi cabeza de tierra y de cielos sepia la noche me muestra en frances los tuneles secretos que conectan las dos orillas vienen los poetas y los filosofos con camisas rojas y un jurel en su cintura vienen y bailan claque como caballos cruzando Atlanta y las flores muertas y el olor de mi abuela en una cartera marron las cartas que vuelven para contarte como es tu otono y los caminos embarrados entre grava y espigas inmoviles

me siento como los que por su luna de miel visitan la casa de Dolly Parton en las montanas de Tennessee como los $0.14 que costaron las visagras y los tornillos de la cabana de Thoreau como el que habla con fluidez sobre la ortotipografia y los calendarios de adviento para mascotas como el extranjero que escribe un poema frente a la ventana el primer Dia de Accion de Gracias como las tildes y las enies que mi ordenador no me permite poner y las esculturas de gallos en la repisa de la cocina me dijo un arbol que crecer es incubar los huevos de pajaros medievales en las sabanas de tu cama es embadurnar los dulcimeres con aceite de coco y comprar postales de agradecimiento a la mar el aceite de oliva en un tupper descansa como los titanes cada primer martes de mes en esa laguna de oro con un jersey de ochos morado tengo un reloj y una nieve lenta

estos versos en Arial 11 y a doble espacio son verdad mentira y sueno son sonido y silencio colgando de una estrella muerta son el perro recien banado que llora frente a la chimenea un
dia de noviembre

De *Peachtree City* (Visor, 2021)

Los armónicos han entrado en el fémur de un neandertal
en la forma arbórea del Giraldo de Molina y su bandera agujereada
dos arcillosos seres como un poema en el jardín de los sapos esparteros
su canto o el pasto que comían los niños en mayo
este acorde contemporáneo pide bombillas al vecino
la oreja de tundra riega los fósiles susurrados de una partitura y su
 músico come albaricoques en la despensa del palacio
así con brillante cuerpo de dios griego sonamos
Manuel de Falla envía un atardecer en Granada y ciclistas submarinos
en las escamas del Mediterráneo hacen canciones con brezo y mimbre
 verde
estridulan ancianas las estrellas en la puerta de sus casas
guardé mi corazón en un enebro
lugar donde horizontalmente nace el sueño o su grito antiguo
esa memoria de patio regado.

Los calcetines negros la conversación en una pescadería de confianza entre la fallecida belleza de los ojos del mero ese bosque que caminan en la menor las chelistas ¿qué río querrán pisar los zapatos del zagal cosiendo la luz tendida sobre el pelaje de los zorros? silente silbo de sal el aroma de las fresas las acuareladas vértebras de la imaginación y esa vieja extranjera y su gato con cara de lucio adulto humedecen el alma los dudosos cuernos de las cabras sonámbula menstruación que doblas amapolas en la cómoda chirriante un violinista en columpio acicala su barba y lanzan pompas de jabón al pelo teñido de las ancianas la chaqueta de barman con que riegas el olmo de Schumann limpian sus gafas afinan el día después del eclipse naranja boca de los peces fluviales que mascan el pie de dios caminan solubles en el camposanto mi país llena de banderas las vidrieras de costa en las fosas comunes no hay murciélagos pero sí noche güio güio güio gentes que guardáis las sábanas de Isabel la Católica en el bolsillo de vuestro pantalón de puntillas mi escritura él corre mucho mucho mucho nunca estornudó aquel azucarado gorrión que el humanismo pinta en el techo de las ferreterías amanece en las ventanas más pequeñas de la aldea el pianista saca su lengua

De *Ese ruido ya pájaro* (Entrecíclopes, 2019)

MANUEL RIVAS

La hora de dormir fuera

No, yo no quería morir.
Es cierto lo que dice el epitafio.
Yo no quería morir.
Nunca me interesó esa experiencia
del Más Allá,
ni siquiera el sueño eterno de la isla de Ávalon
con el hada Morgana y en la cama de oro del rey Artur.
Preferible una excursión a Valença do Minho,
ida y vuelta en el día,
con el regalo de un juego de cuchillos de Albacete.
Yo era feliz con el silbido inmortal del afilador.
Y era feliz abriendo el buzón
cada mañana.
Nadie envía ya cartas,
Pero algo siempre hay.
Esa alegría de la publicidad barata.
El Lidl anuncia una cinta métrica
con telémetro láser.
Lo feliz que yo era sabiendo las medidas de ríos y montañas.
Y lo que eso me ayudó a vender enciclopedias.
¿Cuánto mide el ecuador de la Tierra?
Los padres miraban al hijo y en aquel estupor familiar
de no saber
yo percibía la esperanza.
Yo era feliz con los 40.075 kilómetros del perímetro terrestre,
los 8.849 metros de altura del Everest
y los 6.650 kilómetros de la longitud del Nilo.
A John Fitzgerald Kennedy lo mataron a las 12.30 horas
del 22 de noviembre de 1963.

Así le paraba yo los pies a algún bocazas
jugando al dominó.
Yo era feliz jugando al dominó en el café de la Barra.
Como Sun Tzu,
me mantenía impenetrable y oscuro,
pero cuando movía ficha,
caía como un rayo.
Yo era feliz viendo relampaguear en la noche
alrededor del faro.
Y era muy feliz mirando el mar.
Las olas vagabundas
en la Rompiente del Orzán.
El mar da de todo.
Incluso da que pensar.
Yo, como el mar,
no quería morir.

A negra terra

De falar, falarei coa terra.
A terra verdadeira,
A negra terra
Onde prende a raíz.
A terra que se pisa.
A terra que se queima e que se crava.
Ese enorme lenzo onde o o home debuxa o seu capricho.
Onde o home se perde e se revolve en sombras.
A negra terra,
Ese corpo de puta vella con dentes amarelos de tabaco,
Con olleiras negras de tan azuis.
De falar, só con ela falarei
E falarei coas mans,
Docemente coas unllas,
Coa paixón dun amante,
Como falan, cando albiscan a morte, os xabaríns feridos.
Coa terra, con esa negra terra
Que cospe, como sangue do peito, primaveras.

El paraíso inquieto

Y ahora, noche, vete,
busca tres jóvenes más en la aldea.
y traed sobre los hombros
el sarcófago de la luna,
mientras relinchan,
en la tierra que se esconde,
los colores insumisos de los caballos.

La naturaleza insurgente

Zumbido entre robles,
Pena de lo invisible
Por no ser visto.

La primera telaraña
Caza la gota
Donde tiembla el alba.

Lloran en la ceniza
Los ojos saltones
Del árbol que trasciende.

El rencor apóstata
De los tractores
En las granjas abandonadas.

En la tierra escondida,
Las palabras excavan
Boca arriba.

¿Oyes en los peldaños de la luz
La pierna de palo
De la memoria lisiada?

La luna llena
Anda a la búsqueda
De ruinas inéditas.

Extraña palabra
Que se dejó escribir
Sin sentir miedo.

En la tierra escondida
Se habla una lengua
Que llueve con los pies descalzos.

Leche y plomo

Podía volverme loco por un adjetivo,
pero la súbita presencia del regente de talleres
tenía un fulminante efecto gramático.
Dijo: "¡Deje de escribir para la eternidad!".
Yo era aprendiz en el periódico,
pero trabajaba para la eternidad,
incluso cuando el jefe de Internacional
me enviaba a comprar tabaco Winston de contrabando.
Respecto de la eternidad,
una de las primeras cosas que aprendí
fue que la rotativa solo podía retrasarse
por orden gubernativa
o por una esquela.
En este caso,
la muerte se pagaba al contado,
a veces, duro a duro,
como un becerro en la feria.
Una noche me tocó tomar los datos de un difunto,
para la esquela,
y me dieron de propina un billete de diez
que me alegró como un buen adjetivo escurridizo,
de esos que, según Borges,
anima a un sustantivo muerto.
El linotipista fundió aquel texto
con su cuota de plomo.
Y luego se bebió un trago de leche.
También él trabajaba para la eternidad.

Los 24 pasos de Lorca

A 24 pasos del camino de Viznar a Alfacar
una piedra oculada
ofrece exvotos de caballos de luz.

A 24 pasos del camino de Viznar a Alfacar
el Agente de la Continental rastrea la pistola humeante
en las palabras de orden.

A 24 pasos del camino de Viznar a Alfacar
una muchacha Asperger levanta la losa del planisferio
y cuenta los 2023 grillos huidos de las fábricas de
harina.

A 24 pasos del camino de Viznar a Alfacar
no hay nieve en la nieve
y deambula el vacío con harapos de niebla.

A 24 pasos del camino de Viznar a Alfacar
un ángel operante recoge témpanos de miedo
y rastrojos de silencio en la alforja del amante muerto.

A 24 pasos del camino de Viznar a Alfacar
una piedra oculada
ofrece el fósil de la estrella polar
y el cuadrante torturado de la muleta
del maestro cojo.

Llévate también, caminante,
este exvoto de un caballo de luz.

ROSANA ACQUARONI

LLEVO ALOJADA EN EL CORAZÓN
una bala de plata.
La misma que mi madre
no supo disparar.

DE LA CASA GRANDE
solo recuerdo aquel armario blanco
encallado en aquel largo pasillo
como en un río encajonado y pedregoso.

Un útero vacío que no sangrase nunca
y alumbrara por dentro.

En su interior
entre sábanas perfumadas
mantelerías de hilo
y toallas de rizo americano
mamá nos escondía bajo llave
las fotos y las cartas de aquel desconocido.

Canoso y trajeado,
era un hombre elegante
de facciones sureñas
que imantaba mi cuerpo,
lo llenaba de lámparas,
con aquella sonrisa
sonora y reflectante.

Eran fotos de estudio
siempre de medio cuerpo
—su corbata ejemplar,
el chaleco de ante abotonado,
ligeramente abierto—.

Yo entraba en ellas
como en un oleaje sin retorno.

Me imaginaba dentro
de aquella madre
rebosante y eterna
que siempre estaba huyendo.

Me encarnaba en tu piel
me infiltraba en tu sueño de tálamo escindido
de camisón secreto.

Después llegaba él
y yo lo acariciaba
con cada uno de tus dedos
que eran lentos navíos
penetrando aquel hielo.

Él sigue allí
a veces puedo verlo apostado en mi infancia
—cada vez más ajeno—,
mirando hacia el balcón de nuestra casa
mientras un limpiabotas
le lustra los zapatos.

Lo vi solo una vez.
Tendría cuatro años.

Sentada en sus rodillas
sentí la claridad
devorando mis manos.

A qué colegio vas

mamá me sonreía,
yo jugaba a escucharos
colmando con azúcar
                vuestras tazas vacías.

Acaso fuera él
quien quiso conocerme
(o tal vez fue mamá la que quería).
Un hijo puede ser la prueba irrefutable,
la mejor garantía de haber pasado página.

Voy a hacerte un regalo

y sacó del bolsillo aquel estuche
como un féretro blanco
que brillara en la noche.

Fue mamá quien me quiso
abrochar la pulsera.

Campanitas de plata sonando con mi cuerpo,
tintineo fugaz
que a veces me despierta.

(Cuando nos despedimos
quiso que le besara en la mejilla.
Pero se hacía tarde para volver a casa).

De *La casa grande* (Bartleby, 2018)

1

Vi la cierva que el bosque
eligió para mí como encendida
quietud tras el ramaje.

No me atreví a moverme.

Mi corazón cosía sus pedazos
de piel entre las hojas.

Solo un perfil mostraba.
Era un ojo que mira
como un hueso de níspero
flotando en el estanque.

Me habló mientras la nieve
            se cubría de pájaros:

—*Hay que vivirlo todo*—.

Y en su hocico de musgo
temblaba un avispero.

Después,
suspendido ya el tiempo
atrapada en el ámbar del instante
levantó la cabeza
                    —su tronco moteado,
sus cuatro extremidades—.

Desde entonces
                    me digo la verdad.

Cada mañana vuelvo
a la senda vacante
por ver si ella me aguarda.

En las horas de insomnio
siento su lengua que me arde
como un alga en la cara.

Ya me vence el cansancio.

Pero si ella regresa,
si la cierva viniera de nuevo a mis oídos
yo les pondría fin
a estas palabras.

No soy la que buscabas.
Tampoco eres el hombre
que alguna vez soñé.

Así que ya podemos
amarnos sin certeza
ni linaje,
sin tener que alcanzar los objetivos
los *targets* de mercado,
haciendo este equilibrio
de cornisa varada
de mascarón de proa
de vértigo
suspendido
en el alambre.

Al retirar los muebles de una casa
el espacio que vemos
                              nos parece pequeño.

He regresado al piso
donde viví con él veintiocho años.

Nada que nos estorbe.

Hay un peso en el aire
de objetos que no vuelven,

—hologramas sin luz—
mi mano los recorre
          y el polvo se levanta.

Atravieso el vestíbulo,
          espío a una mujer
que ya no reconoce el eco de sus pasos.

En el patio de luces
las palomas se posan
                         en la ropa olvidada.

—Mira
cómo se van borrando las estancias
y desfilan los rostros
                         y los nombres
                                        que una vez conociste—.

Quiénes sois
a qué venís ahora

—Entra en el dormitorio de tu hijo—.

Bajo el dintel están todas sus marcas
de crecimiento.

Cuántas veces
le atusé aquel flequillo con el lápiz
sintiendo la impaciencia
de un cráneo que crecía
                                        y suturaba
las tiernas fontanelas
para saldar su infancia.

Se está haciendo de noche.

—Una casa vacía ya en penumbra
se convierte en un templo—.

Hay una cierva blanca en mitad de la alcoba.
Le pregunto qué busca
me señala el sillón
                    donde él se arrellanaba.

—Tendrás que recordarlo—.

Hay cal enmohecida y nieve amontonada.
Alguien sigue temblando en los armarios.

Busco
como busqué una vez en otra casa
el cuerpo ya sin vida
                                    de mi padre.

El sexo desvalido
con su sábana intacta
envoltorio que esconde el caramelo
—que jamás te atreviste a descubrir—.

Quizás llegué hasta él
huyendo
de la muerte.

Y ahora quiero decirles
a los nuevos propietarios
que las marcas de un hijo no se venden.
Arrancaré las jambas,
desarmaré pestillos,
me llevaré las tardes en que ordenábamos juguetes
al volver del colegio.

*—Hizo falta vaciar toda la casa
para acallar las voces—.*

Voy
a cerrar
la puerta.

De *18 ciervas* (Bartleby, 2023)

ÍNDICE

GANADORA V PREMIO NACIONAL DE POESÍA VIVA #LDELÍRICA

ACCÉSIT JUAN RAMÓN JIMÉNEZ-ZENOBIA CAMPRUBÍ

POEMAS FINALISTAS

POETAS PARTICIPANTES EN EL CICLO #LDELÍRICA

Esta obra
se acabó de imprimir
con los auspicios de
Charo Fierro y
Antonio J. Huerga, editores

FINIS CORONAT OPUS